# Amor Marchito

*Poemas de un Corazón Herido*

Liz Luna

*Liz Luna*

# Amor Marchito

## *Poemas de un Corazón Herido*

Ninguna parte de esta publicación, incluido el diseño de la portada, puede ser reproducida, almacenada o transmitida en manera alguna ni por ningún medio (electrónico, mecánico, óptico, de grabación o de fotocopia) sin permiso previo del autor.

© 2024 California EE. UU.

ISBN 979-8-218-32891-7

Después de un adiós queda el luto que se asoma por tu ventana.
Atraviesa la puerta de tu hogar,
para llenar los rincones de tu alma.

No hay forma de escapar.

El luto trae cadenas que atrapan tus sentidos.
Lo único que queda,
es tu corazón herido.

*Liz Luna*

# Índice

**I. Conmoción** — 3
   Última Cita — 4
   ¿Por Qué? — 5
   Amor en Silencio — 6
   Traición — 7

**II. Negación** — 9
   Irremplazable — 10
   Solo Yo — 11
   Cuando Regreses — 12
   El Vacío — 13

**III. Dolor** — 15
   Amor Marchito — 16
   Sola — 17
   El Recuerdo — 18
   Abandono — 19

**IV. Depresión** — 21
   El Fin — 22
   Esperando — 23
   Incertidumbre — 24
   Amor de Sobra — 25

**V. Reflexión** — 27
   Noche Estrellada — 28
   Soledad — 29
   Desvelo — 30
   Angustia — 31
   Nuestra Historia — 32
   Esperanza — 33

## VI. Delirio 35
Desesperación 36
Delirio 37
La Distancia 38
Locura 39

## VII. Ira 41
Decídete 42
Don Juan 43
Falso Amor 44
Amnesia 45

## VIII. Aceptación 47
Seguir Adelante 48
Olvido 49
El Perdón 50
Despedida 51

## IX. Volver Amar 53
Verdadero Amor 54
Fuego 55
Sincronía 56
Volver Amar 57

## X. Enamorada 59
El Secreto 60
Insomnio 61
Pasión 62
Enamorada 63

# I

## Conmoción

## Última Cita

Con todo y mi alegría llegué a aquel sitio a esperarte.
Para mi sorpresa,
pasaron muchas horas y nunca llegaste.

Pensé que tal vez te estabas demorando un poco.
Seguí esperando,
pero no lograba ver entre tanta gente,
    tu lindo rostro.

Al mirar el reloj me di cuenta de que ya era muy tarde,
con lágrimas en los ojos y un nudo en mi garganta,
traté de calmarme.

Poco a poco se fue quedando solo ese lugar.
Pronto yo también tendría que coger mis cosas,
    y marchar.

Con más lágrimas en mis ojos,
tomé mi abrigo,
    pero ahí dejé mi alegría envuelta en sollozo.

Todo porque *tú* prometiste,
pero nunca llegaste a nuestra cita,
    en aquella noche triste.

## ¿Por Qué?

Como me hubiera gustado una razón,
un simple *por qué* de tu repentina desaparición.
¿Acaso no fui lo suficiente para complacer a tu amor?
O simplemente fui en tu vida un error.

Cualquiera que fuese la situación,
lo mínimo que me hubieras ofrecido,
    es una explicación.

Pero ni para eso te alcanzó el tiempo.
Solo te marchaste,
dejando en tu lugar solo silencio.

Ahora comprendo que "caballeroso" fuiste,
ni siquiera te tomaste la molestia
    de adiós decirme.

Espero que algún día nos volvamos a encontrar,
para que te des cuenta de que una dama como yo
    es difícil de olvidar.

## Amor en Silencio

Aquí estaban mis brazos esperando tu regreso.
Dijiste que estarías listo en volver,
solo si dejábamos pasar algún tiempo.

Ese tiempo pasó y mis brazos se cansaron de esperar.
Me di cuenta de que no regresarías,
porque habías encontrado a otro corazón a quien amar.

Ese día se terminó mi bello sueño,
ya que los brazos que tanto añoraba,
pertenecían a otro dueño.

Ahora solo me queda contemplarte de lejos,
y vivir día a día,
con este amor en silencio.

## Traición

Sé que tú no estás aquí.
Y sé que al marcharte,
dejaste un gran vacío en mí.

Tengo un corazón lleno de dolor
porque *tú*
no quisiste corresponderle a mi amor.

De primero estaba muy herida,
y no entendía tu decisión.
Pero pasó el tiempo y me di cuenta,
que solo fue una traición.

Un juego de niños
    entre tú y yo.

Ahora yo me siento mejor,
porque yo no cargo con la culpa,
que tú llevas en tu corazón.

# II

## Negación

### Irremplazable

Nuestro amor tiene todo para sobrevivir cualquier tempestad.
Aunque la tormenta sea la más grande,
no hay viento que llegue y te arranque.

Juntos hemos construido algo grandioso.
No es posible que se derrumbe,
de un día para otro.

Tenemos lo que todos desean de esta vida.
Eso es;
amar y ser amado sin medida.

Así que no me digas que te vas por falta de amor,
si te he dado lo más sagrado que tengo,
mi alma
    y corazón.

Y si te marchas,
sé que volverás a donde estoy,
porque no encontrarás a nadie
que se compare con el amor que te doy.

## Solo Yo

Si supieras cuánto te extraño,
no anduvieras buscando amor en otros brazos.
Entonces te darías cuenta de cuánto te amo,
y no querrías jamás apartarte de mi lado.

Solo YO,
te puedo dar ese amor que tanto anhelas,
el que nace de lo más profundo,
sin dejar nada en reservas.

Solo YO,
puedo hacerte sentir vivo,
así que no sigas mintiéndole a ella,
dile que con quien en realidad quieres estar,
es conmigo.

## Cuando Regreses

No me queda ni la menor duda que algún día voy a estar a tu lado.
Para compartir todo este amor,
que cada uno albergamos en nuestros brazos.

Tanto tú como yo nos amamos,
y por más que tratemos,
no hay forma de escaparlo.

Que aunque la distancia nos separe y estemos tan lejos,
siempre va a existir ese amor,
que nos quema por dentro.

Nuestras almas seguirán esperando pacientes,
disimulando el dolor.
Hasta darnos cuenta de que estamos hechos para los dos.

Entonces podremos derramar todos los sentimientos,
que habían estado encarcelados,
en las redes de nuestros cuerpos.

## El Vacío

Por más que intento, no puedo olvidarte.
Estás tan presente como el día que me dejaste.
Te extraño tanto, como nunca había extrañado jamás,
deseo que pronto regreses para poder volverte a amar.

No sé si aún me recuerdas,
pero a mí me mata lentamente tu ausencia.
No sé si aún me quieres como decías hacerlo,
pero en mí, todavía sigue vivo ese sentimiento.

¡Te quiero, te adoro, te amo!
Todo lo daría por volverte a tener a mi lado.
Si supieras cuánto te ha llorado este pobre corazón,
te darías cuenta lo mucho que te quiero, mi amor.

# III

# Dolor

**Amor Marchito**

Todo el amor que fui sembrando,
lo pisoteaste y no lo dejaste crecer.
Yo que con tanta esperanza,
quería verlo florecer.

Cada vez que lo regaba,
crecía más y más mi ilusión.
Sin saber que lo único que hacía,
era espinarme el corazón.

Ahora mi corazón herido no quiere seguir ya,
tiene miedo de que alguien,
otra vez,
lo espine aún más.

## Sola

No sé ni cómo explicar esto que siento.
Desde el día que me dejaste,
me quedé completamente sin aliento.

Yo que te amé con todo mi corazón,
y a ti,
no te importo quitarme tu amor.

Ahora me doy cuenta de que nunca me quisiste de verdad.
Todas esas promesas que me hacías,
eran pura falsedad.

Me duele aceptar que fue una mentira.
Como me hubiera gustado estar juntos toda la vida.

Pero así no lo quiso que fuera el destino.
Ahora tengo que seguir mi vida,
por otro camino.

## El Recuerdo

Si es cierto que el amor acaba,
¿por qué sigue vivo el recuerdo aún después de que se marcha?

Sigue viviendo libremente en los rincones de tu alma,
paseando sin prisa con una lenta calma.

Ese mismo recuerdo que pesa en tu corazón,
por más que tratas de olvidar,
solo se aferra más a tu interior.

El mismo amor que un día te hizo sentir de maravilla,
ahora solo queda el hueco de su torturadora herida.

No es cierto que el amor se acaba.
Al contrario,
sigue vivo aún después de que se marcha.

Solo que ya no es el mismo de antes,
ahora es el enemigo silencioso que desea derrumbarte.

## Abandono

Sé que te marchaste muy lejos de aquí,
aún así,
sé que no morirá este amor que siento por ti.

La distancia que nos separa,
no lograra arrancarte de mi corazón,
aunque ella se aferre a cambiarme de opinión.

El tiempo no va a poder borrar tus besos.
Aunque bese otros labios,
no sabrán como los nuestros.

Las noches no volverán a ser las mismas,
ya que al igual que yo,
ellas van a extrañar escuchar tu risa.

Y aquella banca frente al mar,
donde platicábamos por largas horas,
se va a sentir sola porque *tú* la abandonas.

Nada va a hacer igual sin tu compañía.
Si es que tú sientes lo mismo,
espero y regreses algún día.

# IV

# Depresión

## El Fin

Ha pasado mucho tiempo desde que nos alejamos.
Pero aun así,
tu recuerdo no ha querido apartarse de mi lado.

Tantas horas sin mirarte,
siento que mi mundo se deteriora al instante.

Mi corazón ha dejado de latir.
Al pasar de cada momento,
siento que me estoy muriendo sin ti.

Mis brazos están cansados de esperar
un regreso anhelado que nunca más llegará.

Hasta mis oídos ya no escuchan a los demás,
solamente están al pendiente, al teléfono,
por si decides llamar.

Y mis pobres ojos ya no brillan como lo hacían,
porque al marcharte,
te llevaste mi alegría.

Mi vida ha parado completamente,
y el único remedio sería,
algún día,
poder volver a verte.

## Esperando

No quiero seguir ocultando todo lo que me haces sentir,
cada día es un nuevo comienzo,
pero yo no soy nada si no te tengo junto a mi.

A diario,
tu recuerdo solo se hace más latente,
no puedo calmar mi angustia, si no te siento presente.

Hay veces que quisiera correr hasta donde tú te
    encuentras,
solo para decirte lo mucho que *necesito* tenerte cerca.

Pero sé que nada te va a hacer cambiar de opinión,
aunque yo me esté muriendo lentamente sin tu amor.

Lo único que puedo hacer es esperar con paciencia,
para ver si el tiempo está a mi favor,
y logra regresarme tu presencia.

## Incertidumbre

Cuento los días para tenerte frente a mí.
Ya no aguanto más,
y tú no estás aquí.

Es demasiado esta incertidumbre,
está deteriorando todo a mi entorno
sin importarle que me derrumbe.

Ya ni alientos tengo de comenzar un nuevo día,
el no tenerte me mata la ilusión de amanecer con alegría.

Me levanto pensando;
¿por qué te encuentras tan lejano?
Mi corazón ya no quiere latir,
si no te tiene a su lado.

Esta incertidumbre está acabando con mis anhelos de vivir.
Todo mi cuerpo se agota y ya no quiere seguir.
Dice que hasta que te vuelva a encontrar,
va a poder volver a juntar sus deseos para mejorar.

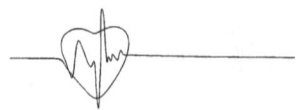

## Amor de Sobra

Ya estoy aburrida,
de querer y no ser correspondida.
De dedicarme toda a una persona,
solo para quedarme con su amor de sobra.

Me duele hasta el alma de quererlo tanto,
y que *él*
ni siquiera consideré mi llanto.

Quisiera volver a esos días,
cuando vivía llena de alegría.

Levantarme cada mañana con una sonrisa en mi cara,
al saber que *él,*
en alguna parte me esperaba.

Pero ahora ya ni alientos tengo de seguir,
aunque fui su amor de sobra,
*él* me ayudaba a vivir.

# V

## Reflexión

## Noche Estrellada

Cada noche como esta me llega la melancolía.
Recuerdo que no te tengo,
y no estas para hacerme compañía.

El ruido del vacío pasea espantosamente por la calle.
Salgo a buscarte,
pero no estás por ninguna parte.

Miro hacia el cielo y su hermosa noche estrellada.
El único consuelo es,
en algún lugar,
tú contemplas la misma noche callada.

Pero ni eso cesa mi añoranza por tenerte,
que no daría por otra noche a tu lado nuevamente.

Así como la noche encierra tanta oscuridad,
mi alma al igual sé niebla enterita, porque tú no estás.

Que hermosa es la noche, lo sé, con su cielo estrellado.
Pero qué amarga es la sensación de no compartirla a tu lado.

## Soledad

Esta noche, bajo este cielo estrellado,
quisiera decirte tantas cosas
que por tanto tiempo me he guardado.

Tal como la luz de la luna brilla con su inmensidad,
así es mi amor por ti, iluminando mi oscuridad.

Las innumerables estrellas que visten el cielo,
parecen adornar la noche,
para que tú puedas verlo.

Pero aquí, tu lugar junto a mí está vacío,
así como el estrecho espacio del universo que solo
　　alberga frío.

Aun así, mi paciencia por esperarte es eterna,
no hay tiempo que pueda definir esta infinita espera.

Quizás mañana cuando salga el sol,
aparezcas con él tú también.
Deslumbrando de luz y calor,
haciendo la noche por completo desaparecer.

Mientras tanto, aquí estaré esperando tu llegada,
contemplando la noche y su belleza que irradia.

## Desvelo

Otra noche que me desvelo por estar pensando en ti,
veo los minutos uno tras otro correr,
pero ninguno logra traerte de nuevo a mí.

No logro conciliar el sueño porque tu recuerdo atormenta mi mente.
Aunque cierre los ojos,
tu imagen se adueña de mí lentamente.

Eres a la vez mi más bello recuerdo,
pero también,
lo que poco a poco me está matando por dentro.

Como quisiera nunca haberte conocido,
y así borrarte para siempre de este corazón herido.
O si tal vez solo pudiera olvidarte,
así podría dormir, sin tener que recordarte.

Pero creo que mis noches no tendrían sentido si no vivieras en mi mente.
Prefiero que cada noche me robes el sueño,
y sigas en mi alma y corazón siempre presente.

Aunque no estés físicamente cerca de mí,
tengo el consuelo de cerrar mis ojos
y saber que siempre estás ahí.

## Angustia

Viendo el reloj,
las horas se me hacen eternas.
Pasan una por una y tú que de mí ni te acuerdas.

Compadécete de mi angustia por no tenerte a mi lado,
ven corriendo hacia mí,
o lo que sea necesario.

Deja todo lo que tengas que hacer y ven conmigo,
no quiero que pase otro día,
sin tenerte al lado mío.

Mira que me estoy acabando lentamente por tu ausencia,
te extraño tanto que me hace falta tu presencia.

Te ruego que consideres este vacío que siento en mi ser,
no hay nada que pueda llenarlo,
si no te puedo ver.
Así que no te demores tanto y regresa,
para poder abrazarte nuevamente con firmeza.

## Nuestra Historia

Son en noches como estas que me acuerdo de ti.
De esos tus brazos que cuidadosamente se enredaban a mí.

De tus ojos profundos llenos de sentimiento, al encontrar
 nuestra mirada.
De tu media sonrisa que me causaba mariposas,
y me tenía fascinada.

Pero sobre todo de esos labios suaves tuyos,
que me robaron suspiros,
y me dejaron sin murmullos.

Ahora te busco por las noches, sin poderte encontrar,
como quisiera que aparecieras como aparecen las estrellas,
para que este vacío que siento se pudiera terminar.

Aún sigo esperando el día que nos favorezca a los dos
 para volvernos a amar.
Estoy segura de que mis sentimientos por ti siempre van a
 estar vivos,
hasta que le demos final a nuestra historia que un día
 perdimos.

## Esperanza

Me he quedado triste y sola como es de esperar,
y siempre me pregunto,
¿Cuándo llegará?

Ese hombre que tanto me va a querer,
y no me va a hacer llorar.

Aún me queda la esperanza,
y espero con ansiedad.
Que llegue y me libere,
de esta
triste
soledad.

# VI

## Delirio

## Desesperación

Fue un día de mayo la última vez que te vi.
Desde entonces he estado contando los días para que el viento me ayude,
y te haga volver a mí.

Quiero disimular mi dolor estando tranquila,
pero por dentro hay un volcán que está planeando su huida.

Hay veces que la fuerza de la desesperación me acecha,
y quiero correr a buscarte solo para decirte lo mucho que añoro tu presencia.

Pero después vuelvo en mí,
y solo me queda esperar.
Porque no sé dónde encontrarte,
mucho menos por dónde empezar.

## Delirio

Has dejado a este corazón completamente destrozado,
hasta la noción del tiempo he perdido por no tenerte a
  mi lado.

Mi mente ya no quiere razonar como lo hacía,
es como si se hubiera bloqueado desde aquel día.

Con tu partida te llevaste mi razón de vivir,
me has dejado sintiendo que me han arrancado una
  parte de mí.

A pesar de tantos días, meses, y años que han pasado,
mi mente, mi alma, y mi corazón te siguen amando.

Tal vez porque sienten la esperanza de volverte a
  encontrar,
o será simplemente que estoy delirando,
y deseando que me vuelvas amar.

## La Distancia

El mismo tiempo y la distancia nos han logrado separar,
pero nuestras almas van a luchar hasta volvernos a encontrar.

Aunque pase tanto el tiempo,
tu recuerdo se ha quedado vivo a cada momento.

Aunque la distancia sea tan estrecha,
aún te llevo en mi corazón y él más se aferra.
Es porque sabe que algún día vas a regresar,
el amor que tú y yo sentimos no se puede terminar.

Esta distancia que hay entre los dos solo es una prueba,
si logramos salir de esta,
nuestro amor será la recompensa.

Entonces volveremos a estar juntos como antes,
solo para darnos cuenta de jamás separarnos ni un instante.

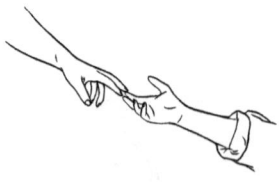

## Locura

¿Cuánto tiempo más tengo que esperar?
Este amor se esfuma lentamente,
y a ti te parece no importar.

¿Qué no te das cuenta cómo añoro tu presencia?
Al no tenerte cerca mi vida no tiene razón de existencia.

¿Qué no te das cuenta cómo deseo que me vulvas amar?
Para que esta locura mía se pueda calmar.

Sin ti,
Siento que mi corazón se quiebra lentamente en pedazos.
Solo queda la sombra de un amor entre tus brazos.

¿Qué NO te das cuenta?
O solo es a mi a quien esta situación le atormenta.

# VII

## Ira

## Decídete

Porque no me dices de una vez por todas,
¿Qué es lo que quieres de mi amor?
Me dices, si,
después no,
y solo me dejas esperando una respuesta.

Yo no soy una más de tus amigas cualquiera.
O me dices lo que quieres,
o te marchas.
Ya no sigas de esa manera.

No lo voy a tolerar.
dime por fin que me amas,
o agarra tus cosas,
y márchate de una vez por todas.

Quiero un amor puro y sincero
no uno que me va a tener cruzada de brazos,
día con día,
solamente esperando.

## Don Juan

De nuevo puedo ver la clara luz del día,
y no tener cegados mis ojos como tú me los tenías.
Contigo aprendí que las apariencias engañan,
y que lo que vale, es lo que uno lleva en sus entrañas.

Hombres como tú saben muy bien recibir.
Con todo el amor que te dan,
te sientes muy feliz.

No te importa quién te dé,
solo quieres más y más,
para hacerte creer que eres un gran galán.

Excepto,
que ese es tu defecto.
De tanto afecto que te dan,
se te olvida que tú también tienes que aprender a dar.

**Falso Amor**

Conmigo te equivocaste.
¿Qué creías?
¿Qué te iba a dar amor, solo porque tú lo imploraste?

No te confundas conmigo.
Si estás impuesto a amores de solo una ocasión,
no creas que todas somos iguales,
lo siento mi amor.

¿Acaso piensas que las mujeres son solo una diversión?
Déjame informarte que tal vez algunas,
pero yo,
¡NO!

Hasta aquí llegaste con tu don de picaflor.
Es mejor que te largues,
porque no soporto más tu dosis de falso amor.

## Amnesia

Déjame olvidar que un día destrozaste mi corazón.
Así como el viento se lleva todo,
que se lleve este dolor que siento por la ausencia de tu amor.

No quiero recordar ni la huella de tus besos,
mucho menos tus palabras falsas que ahora solo hieren por dentro.

Llévate todas tus promesas sin sentido,
no quiero recordar que solo fue una trampa dejando mi corazón herido.

Secaré cada lágrima que has causado,
una por una,
hasta no quedar rastro de esta amarga tortura.

Así como repentinamente te alejaste de mí,
así mismo huiré de tu recuerdo;
sin tener piedad de ti.

# VIII

## Aceptación

## Seguir Adelante

Fuiste muy preciso con tus palabras cuando dijiste no
    amarme.
Ahora no creas que voy a ir a buscarte.

Si no me quieres,
¿para qué seguir?
Es mejor dejarlo todo,
antes que verme sufrir.

Aunque me esté atormentando el volverte a ver,
aunque te extrañe tanto, que ya no sepa qué hacer,
No voy a ir tras tus pasos.
Prefiero respetarme y nunca más caer en tus brazos.

Si así lo decidiste,
si esa fue tu decisión,
Ya no me opongo más.
Creo que tienes razón.

No quiero seguir contigo,
si al final nada va a tener sentido.

## Olvido

Hay veces que me hubiera gustado nunca haberte
    conocido.
Así evitaría todo este dolor que le has causado a este
    pobre corazón herido.

A menudo me pregunto,
¿Qué beneficio le diste a mi vivir?
Me cuesta mucho entender *por qué* te conocí.
¿Para qué entraste en mi vida, si no ibas a ser mío?
Solo me dejaste con este gran vacío.

Quisiera regresar el tiempo y haberte dicho **NO** cuando
    me abrazaste,
así estaría de ti,
un poco más distante.

Pero ya es muy tarde,
no hay nada que cambie el pasado.
Ahora solo queda resignarme y echarte al olvido.

## El Perdón

No te perdono el haber quebrado mi corazón en pedazos,
yo que te di mi amor,
y tú qué corriste a otros brazos.

Pero te perdono que te hayas ido,
porque sé que algún día te darás cuenta de que no tuvo sentido.

Es cuando vas a acordarte de mí,
y te vas a lamentar el haberme abandonado por ahí.

Sé que vas a querer regresar a mi lado,
porque te ofrecí un amor puro y apasionado.

Pero va a ser muy tarde tu cambio de opinión,
y va a ser tu castigo,
saber que ya cambió de dueño mi corazón.

## Despedida

Todo lo que pasó entre tú y yo quedó en el pasado.
Y las frases que me decías,
el viento se las a llevado.

Ahora es muy triste recordar aquellos momentos.
Lo que viví contigo siempre lo voy a llevar en mi corazón,
envuelto de un recuerdo.

Por más que trate de cambiar los hechos,
no me puedo engañar.

Tengo que vivir con la realidad.

Ahora que me alejo de ti,
no puedo decir que ya no siento nada.
A pesar del daño que me hiciste,
no me puedo olvidar de la gran felicidad que un día me
    diste.

Gracias por todo,
fue muy bonito conocerte.
Adiós,
y buena suerte.

# IX

## Volver Amar

## Verdadero Amor

Dicen que el amor se encuentra cuando menos lo esperas,
no hay que buscarlo,
él solo llega.

Hay que tener paciencia y dejar que avance a su paso,
ya que cuando te atrapa,
no hay forma de escaparlo.

Solo existe un amor de verdad,
todos los demás son oportunistas que desean aprovecharse
    de tu ingenuidad.

No hay que apresurarse ni perder la fe,
ya que él sabe precisamente cuándo llegar para
 complementar tu ser.

Y cuando llegue ese día lo vas a saber,
porque no hay ningún otro sentimiento,
que se compare con ese bello placer.

## Fuego

Un día no muy lejano te voy a encontrar,
te voy a abrazar tan fuerte que no te me vas a escapar.
Ya no nos separaremos,
seremos más bien dos brasas que encienden un solo fuego.

Ese fuego que va a hacer desbordar nuestras almas de amor.
Y que juntos,
ni una gota de agua va a lograr apagar nuestro calor.

Nos amaremos alma con alma,
cuerpo con cuerpo,
hasta consumir todo ese fuego que llevamos dentro.

Seré yo para ti,
y tú para mí,
no habrá ningún sentimiento que tengamos que reprimir.

## Sincronía

Aún no comprendo el por qué de nuestro encuentro tan divino,
esa forma tan repentina que te cruzaste por mi camino.

¿Acaso fue el destino que nos unió?
O tal vez pura coincidencia la que nos presentó.
Cualquiera que fuese la situación,
tu presencia en mi vida ha sido una bendición.

Llegaste en el momento preciso,
como una sorpresa de regalo sin previo aviso.

Sé que todo lo que sucede tiene una razón,
y estoy dispuesta a esperar para saber el por qué de tu aparición.

## Volver Amar

Si me vas a querer, quiéreme como soy.
Sin ninguna condición.

Si me vas a amar, ámame con pasión.
No quiero amor a medias, o con algún temor.

Si me vas a dar tu corazón, que sea sincero.
Así podremos disfrutar de un amor eterno.

Si vas a compartir tu felicidad conmigo,
hazlo como un detalle.
Yo estaré sorprendida de tener a mi lado a alguien tan amable.

Si vas a ser cariñoso, que solo sea conmigo.
Sería una lástima perderte por andar en otros brazos y haberte distraído.

Si te vas a convertir en el dueño de mi amor,
es preciso que sepas que yo también te voy a amar con todo mi corazón.

# X

# Enamorada

## El Secreto

Deja que corra ese amor que sientes por mí.
No es necesario seguirlo ocultando,
sé que te quema por dentro,
y sin mí no puedes vivir.

Lo sé con certeza porque yo estoy sintiendo lo mismo por ti.
Pero ni tú,
ni yo,
queremos dejar este secreto salir.

Ya no es necesario seguir disimulando este amor que nos
    atormenta a diario,
si tus ojos me dicen que me necesitan a tu lado.
Lo dicen con un silencio donde no existen palabras,
solo vibran nuestras emociones al cruzarnos la mirada.

Y esos tus brazos cuando me abrazan con fuerza,
son para darme a entender que quieres que me quede
    siempre cerca.

Liberemos este amor que encierran nuestros cuerpos,
para entregarnos nuestros más profundos y genuinos
 sentimientos.

## Insomnio

Por las noches cierro mis ojos y no puedo dormir.
Tu imagen llega a mi mente,
y solo pienso en ti.

Eres el único que me roba el sueño.
En mis noches de insomnio,
eres tú de quien solo me acuerdo.

Y en las noches más obscuras de mi vida,
solo tú estás en mi pensar, para hacerme compañía.

He intentado alejarte de mi mente,
pero solo resulta que tu recuerdo sea más fuerte.

Hasta temo demasiado que se llegue la noche,
porque sé que será otra batalla que me derrote.

Qué lástima tenerte tan presente, pero sin poderte abrazar.
Espero que pronto te des cuenta, cuánto mi alma te desea amar.

## Pasión

Enrédame en tus brazos, y hazme de ti prisionera.
No es necesario ni una palabra,
haz de mí lo que quieras.

Esto que siento es un amor incesante,
no logro apagar este fuego que arde ferozmente y
    constante.

Embriaguémonos los dos de esto que llaman pasión.
Abrázame muy fuerte,
sin tener compasión.

Hay que olvidarnos del mundo por un instante,
para mejor perdernos en las tinieblas del amor como dos
    amantes.

Yo,
atrapada en la tormenta de tus besos que son dinamitas.
Y tú,
navegando por el mar de mis tiernas caricias.

## Enamorada

Amor mío,
Si tu supieras que eso eres para mí.
Cuando más sola me siento,
tu recuerdo me hace feliz.

Eres la llama que se volvió a encender en mi cuerpo.
Después de haber tenido solo cenizas por tanto tiempo.

Me has devuelto la fe que creí se había perdido para siempre,
volví a creer en el amor cuando te encontré tan de repente.

Tu luz iluminó todo lo que un día vivía en oscuridad,
y por fin pude ver la vida con más claridad.

Ahora nada me perturba porque por fin te encontré,
y nada me hace falta ya que tengo todo lo que un día soñé.

# Para ti

Gracias por cruzarte por mi camino.
Aunque nuestro amor no pudo ser,
me enseño lo fuerte que soy,
y me ayudo a crecer.

Gracias a ti,
estoy un paso más cerca de encontrarme con el amor verdadero.
Me has abierto los ojos,
y ahora sé lo que quiero.

Quiero un amor puro y sincero,
que me quiera y me valore,
como *yo* me lo merezco!

**Liz Luna**

## Sobre la Autora

Liz Luna es originaria de Jalisco, Mexico y vive en los Estados Unidos. Empezó a escribir reflexiones y pensamientos a los quince años. Cuando experimento su primer desamor, la poesía se convirtió en la forma de expresarse cuando no encontraba palabras para decir lo que sentía.

Este poemario es una colección de poemas basados en el dolor y la tristeza que encierra un desamor pero también de la esperanza para volver a encontrar el amor.

Dedicado a todas las personas que algún día han pasado por un desamor. Espero que éste poemario te ayude a sanar y te inspire a reencontrarte
con el amor.

www.ingramcontent.com/pod-product-compliance
Lightning Source LLC
Chambersburg PA
CBHW060425050426
42449CB00009B/2136